Nueva República

Nueva República

ÁNGEL ELÓ

Para realizar pedidos de este libro, contacte con:
Palibrio
1663 Liberty Drive
Suite 200
Bloomington, IN 47403
Gratis desde EE. UU. al 877.407.5847
Gratis desde México al 01.800.288.2243
Gratis desde España al 900.866.949
Desde otro país al +1.812.671.9757
Fax: 01.812.355.1576
ventas@palibrio.com
852078

ÍNDICE

Introducción.

Es el nombre de una iniciativa ciudadana que aspira a transformar la política y la sociedad de nuestra nación. El levantamiento popular en Guinea Ecuatorial es un movimiento que lucha por el cambio político y social en nuestro país. Guinea Ecuatorial Renacer. Es el nombre de un proyecto colectivo que persigue una transformación política y social de nuestra patria. El levantamiento popular en Guinea Ecuatorial es un movimiento que reclama el cambio político y social en nuestro país. Unámonos al mundo y luchemos por la libertad, la dignidad y la democracia. Es hora de que Guinea Ecuatorial renazca. El mundo está con nosotros en nuestra batalla por la libertad, la dignidad y la democracia. Hagamos posible el renacimiento de Guinea Ecuatorial. Por la libertad, la dignidad y la democracia, nos unimos al mundo y nos rebelamos. Guinea Ecuatorial renacerá. Nuestro objetivo es una Guinea Ecuatorial que sea libre, democrática, pluralista y próspera, que respete los derechos humanos y la diversidad étnica y cultural. Aspiramos a una Guinea Ecuatorial donde la libertad, la democracia, el pluralismo y la prosperidad sean una realidad, donde los derechos humanos y las diferencias étnicas y culturales sean valorados. Queremos una Guinea Ecuatorial que viva en libertad, democracia, pluralismo y prosperidad, que reconozca los derechos humanos y la riqueza étnica y cultural. Los rebeldes querían que Guinea Ecuatorial fuera un país libre, democrático, diverso y próspero, donde se respetaran los derechos humanos, la separación de poderes y las culturas de cada grupo étnico. La libertad, la democracia, la diversidad y la prosperidad eran las metas de los rebeldes, que exigían elecciones justas, separación de poderes, derechos humanos y reconocimiento cultural para todos los grupos étnicos de Guinea Ecuatorial. Los rebeldes buscaban transformar Guinea Ecuatorial en un país donde hubiera elecciones libres y transparentes, separación de poderes, derechos humanos, diversidad lingüística y tradiciones culturales, y desarrollo económico y social. Es un movimiento que busca el cambio político y social en nuestro país. Explicamos porqué queremos un cambio y qué proponemos para lograrlo. Estas son nuestras razones y propuestas para cambiar Guinea Ecuatorial. Invitamos a que el mundo unas a nosotros y a que nos apoyes en esta lucha por la libertad, la dignidad y la democracia. Juntos podemos hacer realidad nuestro sueño de una Guinea Ecuatorial renacida. Somos Guinea Ecuatorial Renacer" se traduce como "Somos el Renacimiento de Guinea Ecuatorial". Esta frase sugiere una sensación de renovación o de un nuevo comienzo para Guinea Ecuatorial. El país tiene una rica historia y ha experimentado cambios significativos desde que se independizó de España en 1968. Si refieres a un movimiento, iniciativa o sentimiento dentro del país que encarna este espíritu de renacimiento, se alinea con la idea de progreso y esperanza para el futuro. Guinea Ecuatorial ha enfrentado desafíos pero también tiene potencial de crecimiento y desarrollo, especialmente con sus recursos naturales y su ubicación estratégica. El concepto de "renacimiento" puede reflejar aspiraciones de cambio positivo y transformación en diversos aspectos como la gobernanza, la economía y el desarrollo social. Es un movimiento político opositor al régimen de Obiang, Fundado en 2023 trabajara con varios partidos y organizaciones sociales de Guinea Ecuatorial.

Historia De Guinea Ecuatorial

Guinea Ecuatorial es un país situado en el centro de África, formado por una parte continental llamada Río Muni y varias islas, entre las que destaca Bioko, donde se encuentra la capital, Malabo. El país tiene una superficie de unos 28.050 km2 y una población de unos un millón doscientos mil de habitantes, compuesta por diversos grupos étnicos, como los fang, los bubi, los ndowé o los benga. El idioma oficial es el español, aunque también se hablan otras lenguas africanas y el francés. La historia de Guinea Ecuatorial se remonta a la época pre colonial, cuando la región estaba habitada por diversos reinos tribales, influenciados por otras estructuras políticas más avanzadas que se desarrollaron en la zona, como el Imperio Oyo, el Reino del Congo o el Reino Benga[1]. A partir del siglo XV, los navegantes portugueses exploraron la costa africana y establecieron contactos comerciales con los pueblos locales. En 1778, Portugal cedió a España los territorios de Río Muni y Bioko (entonces llamada Fernando Poo) a cambio de otros enclaves en América del Sur. España inició la colonización de Guinea Ecuatorial a mediados del siglo XIX, enfrentándose a la resistencia de algunos grupos indígenas, especialmente los bubis de Bioko. La colonia se llamó Guinea Española y se administró como un protectorado hasta 1959, cuando se le concedió la autonomía interna. En 1968, tras un referéndum supervisado por las Naciones Unidas, Guinea Ecuatorial obtuvo la independencia plena y se convirtió en una república presidencialista.

Nombre Oficial Es Republica De Guinea Ecuatorial.

. La soberanía pertenece al pueblo, el cual la ejerce a través del sufragio universal. De ella emanan los poderes públicos que se ejercen en las condiciones que esta Ley Fundamental y otras leyes determinan. Ninguna fracción del pueblo o individuo puede atribuirse el ejercicio de la soberanía nacional. El territorio de la República de Guinea Ecuatorial se compone de la zona continental denominada Río Muni y las islas de Bioko, Annobón, Corisco, Elobey Grande, Elobey Chico, Mbañe, Conga, leva, Cocotero e islotes adyacentes, las aguas fluviales, la zona marítima, la plataforma continental que determina la Ley y el espacio aéreo que los cubre. Sobre su territorio el Estado ejerce plenamente su soberanía y puede explorar y explotar de manera exclusiva todos los recursos y riquezas minerales y los hidrocarburos. El territorio nacional es inalienable e irreductible. Para fines administrativos y económicos, Guinea Ecuatorial se divide en Regiones, Provincias, Distritos y Municipios. La ley determina los límites y las denominaciones de las regiones, provincias, distritos y municipios. Igualmente, la ley fija el espacio que ocupa cada una de las zonas mencionadas. Las lenguas oficiales de la República de Guinea Ecuatorial son el español, el francés y las que la Ley determine. Se reconocen las lenguas autóctonas como integrantes de la cultura nacional. La bandera nacional es verde, blanca y roja, en tres franjas horizontales de iguales dimensiones y un triángulo azul en el extremo más próximo al mástil. En el centro de la bandera está grabado el Escudo de la República. El escudo de la República es el que establece la ley. El lema de la República es Unidad, Paz y Justicia. La soberanía en Guinea Ecuatorial pertenece al pueblo, el cual la ejerce a través del sufragio universal. De ella emanan los poderes públicos que se ejercen en las condiciones que esta Ley Fundamental y otras leyes determinan. Ninguna fracción del pueblo o individuo puede atribuirse el ejercicio de la soberanía nacional.

La República De Guinea Ecuatorial

. El himno nacional es el cantado por el Pueblo el día de la proclamación de la Independencia el 12 de octubre de 1.968. Un país independiente como Guinea Ecuatorial es libre a nivel político y administrativo, ya que sus gobernantes toman decisiones por sí mismos sin tener que obedecer órdenes del exterior. Un país libre es un concepto de puntos políticos e ideológicos que se refiere a la existencia en un país de libertades políticas, sociales y económicas y de instituciones democráticas, forma de gobierno, régimen político o sistema político que las garantice en la práctica gobierno representativo, elecciones, pluralismo de partidos políticos y asociaciones de todo tipo, existencia de oposición política, separación de poderes, seguridad jurídica, medios de comunicación independientes y evitar o dificultar la existencia de represión política, tortura, censura u otras formas de privación de libertad. La lista de estas libertades o instituciones puede ser cuestionada, pues según se opte por una posición más a la izquierda a la derecha en el espectro político, se insistirá o no en considerar los derechos sociales o la libertad económica como determinantes. Esto incluirá cuestiones como la libertad de asociación, o el derecho de huelga, por un lado; o la propiedad privada y la libre iniciativa, la iniciativa privada o la libre empresa, por el otro. La agricultura, que emplea cerca del 80 por ciento de la mano de obra disponible en el país, tiene como principales productos a la castaña de cajú y el algodón. Guinea Ecuatorial es, sin embargo, un país rico en reservas de minerales, entre las que destacan las de bauxita, que representan un tercio del total mundial. Otros minerales que destacan son: el hierro, del que se estima que existen 1,8 billones de toneladas métricas; grandes depósitos de oro y diamantes; y una cantidad indeterminada de uranio. Guinea Ecuatorial es uno de los países más ricos de África en términos de renta per cápita, gracias al descubrimiento y explotación de grandes reservas de petróleo y gas natural. Hasta 1996, la riqueza del país se basaba en la agricultura y la pesca, con productos como el algodón, el café, la caña de azúcar, varias frutas, etc. También depende de la ganadería, la explotación de la madera y de los minerales, en particular los metales preciosos. Pero el descubrimiento de importantes yacimientos de petróleo lo convirtió en uno de los principales exportadores de petróleo. En 2004, Guinea Ecuatorial se convirtió en el tercer mayor productor de petróleo del África subsahariana. Su producción de petróleo se ha incrementado hasta 360.000 barriles de crudo al día, a partir de 220.000 sólo dos años antes. Sin embargo, la agricultura de subsistencia es una de las actividades más extendidas entre la población. Aunque la producción de cacao había sido importante en la Guinea Ecuatorial colonial, el descuido de la economía rural bajo los sucesivos regímenes dictatoriales ha disminuido el potencial para el crecimiento basado en la agricultura. Sin embargo, el gobierno ha manifestado su intención de reinvertir algunos de los beneficios del petróleo en la agricultura.

Situación Política Y Social De Guinea Ecuatorial.

La independencia de Guinea Ecuatorial no supuso el inicio de una etapa de progreso y bienestar para el país, sino todo lo contrario. El primer presidente electo, Francisco Macías Nguema, instauró una dictadura personalista y represiva, que cometió graves violaciones de los derechos humanos, como asesinatos, torturas o exilios forzosos. Macías Nguema fue derrocado en 1979 por un golpe militar liderado por su sobrino Teodoro Obiang Nguema, quien desde entonces gobierna el país con mano de hierro. A, la mayoría de su población vive en condiciones de pobreza extrema, sin acceso a servicios básicos como la salud o la educación. El régimen de Obiang ha sido acusado de corrupción, nepotismo y malversación de fondos públicos. La oposición política está marginada y perseguida, y no existe libertad de expresión ni de prensa. Internacional. Conclusión. Guinea Ecuatorial es un ejemplo de que la independencia no es suficiente para garantizar la libertad de un país. A pesar de haberse liberado del colonialismo español hace más de medio siglo, el país sigue sufriendo las consecuencias de una dictadura que viola los derechos humanos y que impide el desarrollo económico y social de sus ciudadanos. Guinea Ecuatorial necesita una transición democrática que ponga fin al autoritarismo y que abra las puertas a una sociedad más justa, plural y participativa.

Renacimiento Nacionalista Para Restauración De Guinea Ecuatorial.

Guinea Ecuatorial es un país africano que ha sufrido una larga historia de colonización, explotación y dictadura. Desde su independencia de España en 1968, el país ha estado gobernado por dos presidentes: Francisco Macías Nguema, que instauró un régimen de terror y genocidio, y su sobrino Teodoro Obiang Nguema, que lo derrocó en 1979 y que sigue en el poder hasta hoy, convirtiéndose en el líder más longevo del mundo. Bajo el mandato de Obiang, Guinea Ecuatorial ha experimentado un auge económico gracias a sus recursos naturales, especialmente el petróleo y el gas, pero también una profunda desigualdad social, corrupción, violación de los derechos humanos y falta de libertades políticas. Ante esta situación, muchos ecuatoguineanos han expresado su deseo de un cambio de régimen que restaure la democracia, la justicia y la dignidad en el país. Algunos de ellos han recurrido al nacionalismo como una forma de reivindicar su identidad, su cultura y su soberanía frente a las injerencias externas y las élites dominantes. El nacionalismo ecuatoguineano se basa en la diversidad étnica, lingüística y religiosa del país, así como en su historia de resistencia y lucha por la independencia. El nacionalismo ecuatoguineano también busca recuperar los valores y principios de la Constitución de 1982, que fue aprobada por el pueblo en un referéndum, pero que fue modificada por Obiang en varias ocasiones para perpetuarse en el poder. En este texto, analizaremos las causas, las características y las consecuencias del renacimiento nacionalista para la restauración de Guinea Ecuatorial. También examinaremos los desafíos y las oportunidades que plantea este movimiento para el futuro del país y de África. Finalmente, propondremos algunas recomendaciones para apoyar y fortalecer el proceso de transición democrática en Guinea Ecuatorial, respetando su diversidad y su soberanía.

Somos Guinea Ecuatorial Renacer.

Es un movimiento que busca el cambio político y social en nuestro país. En este texto, te explicamos porqué queremos un cambio y qué proponemos para lograrlo. Estas son nuestras razones y propuestas para cambiar Guinea Ecuatorial. Te invitamos a que te unas a nosotros y a que nos apoyes en esta lucha por la libertad, la dignidad y la democracia. Juntos podemos hacer realidad nuestro sueño de una Guinea Ecuatorial renacida. Somos Guinea Ecuatorial Renacer" se traduce como "Somos el Renacimiento de Guinea Ecuatorial". Esta frase sugiere una sensación de renovación o de un nuevo comienzo para Guinea Ecuatorial. El país tiene una rica historia y ha experimentado cambios significativos desde que se independizó de España en 1968. Si te refieres a un movimiento, iniciativa o sentimiento dentro del país que encarna este espíritu de renacimiento, se alinea con la idea de progreso y esperanza para el futuro. Guinea Ecuatorial ha enfrentado desafíos pero también tiene potencial de crecimiento y desarrollo, especialmente con sus recursos naturales y su ubicación estratégica. El concepto de "renacimiento" puede reflejar aspiraciones de cambio positivo y transformación en diversos aspectos como la gobernanza, la economía y el desarrollo social. Es un movimiento político opositor al régimen de Obiang, fundado en 2018 trabajara con varios partidos y organizaciones sociales de Guinea Ecuatorial.

Visión: Establecer una Guinea Ecuatorial libre, democrática, pluralista y próspera, respetuosa de los derechos humanos y las diferencias étnicas y culturales. Los rebeldes proponían celebrar elecciones libres y transparentes, garantizar la separación de poderes, reconocer la diversidad de las lenguas y las tradiciones de los distintos grupos étnicos, y promover el desarrollo económico y social de Guinea Ecuatorial. Suponiendo que el levantamiento popular en Guinea Ecuatorial se produzca en el año 2025, este sería liderado por el Movimiento Renacimiento Nacionalista para la Restauración de Guinea Ecuatorial (MRNRGE). El levantamiento también recibiría el apoyo de algunos países vecinos, como Gabón y Camerún, que facilitarían el suministro de armas y refugio a los rebeldes. Sin embargo, el levantamiento Popular en Guinea Ecuatorial se enfrentaría a la oposición de otros países, como China y Turquía, y España, que mantienen fuertes intereses económicos y políticos en Guinea Ecuatorial.

Misión: Organizar y coordinar la resistencia armada contra el régimen de Teodoro Obiang Nguema, denunciar sus atrocidades ante la comunidad internacional y buscar el apoyo de otros países y organizaciones africanas y mundiales. El resultado del levantamiento Popular en Guinea Ecuatorial dependería de la capacidad de resistencia y negociación de ambas partes, así como de la presión y la mediación de la comunidad internacional. "En el año 2025, el Movimiento del Renacimiento Nacionalista para la Restauración de Guinea Ecuatorial (MRNRGE) inició una revuelta armada contra el régimen de Teodoro Obiang Nguema, el dictador que llevaba en el poder desde 1979. Los rebeldes denunciaban las violaciones de los derechos humanos, la corrupción, el nepotismo y la falta de libertades que sufría el pueblo de Guinea Ecuatorial bajo el gobierno de Obiang

Objetivo: Derrocar al régimen de Teodoro Obiang y convocar elecciones libres y justas para elegir un gobierno legítimo y representativo del pueblo ecuatoguineano. El objetivo del levantamiento era derrocar a Obiang y establecer un gobierno democrático y pluralista que respetara los derechos humanos y las diferencias étnicas y culturales del país. El levantamiento contaría con el apoyo de miles de ciudadanos, que se organizarían en células clandestinas y realizarían ataques coordinados contra objetivos estratégicos, como los palacios presidenciales, los cuarteles militares, los aeropuertos y los puertos. El levantamiento también recibiría el apoyo de algunos países vecinos, como Gabón y Camerún, que facilitarían el suministro de armas y refugio a los rebeldes. Sin embargo, el levantamiento Popular en Guinea Ecuatorial se enfrentaría a la oposición de otros países, como China y Turquía, y España, que mantienen fuertes intereses económicos y políticos en Guinea Ecuatorial.

Guinea Ecuatorial Sistema político:

Guinea Ecuatorial es un estado gobernante de un solo partido sin democracia. Esto significa que sólo un partido político, el Partido Democrático de Guinea Ecuatorial (PDGE), puede tener realmente un poder efectivo. Aunque los partidos menores están permitidos, están obligados a aceptar el liderazgo de facto del partido gobernante. El presidente Obiang es el jefe de Estado y de gobierno, y controla todas las ramas del poder. Es el presidente más antiguo del mundo, con más de 44 años en el cargo. Guinea Ecuatorial es un país africano que tiene un sistema político autoritario y unipartidista. El Partido Democrático de Guinea Ecuatorial (PDGE) es el único que ejerce el poder real, y los demás partidos están subordinados a él. El presidente Teodoro Obiang Nguema Mbasogo es el líder supremo del país desde hace más de cuatro décadas, y tiene el control absoluto de todas las instituciones del Estado. Guinea Ecuatorial es un estado gobernante de un solo partido sin democracia. Como consecuencia de esto, el único partido político que puede tener realmente un poder efectivo es el Partido Democrático de Guinea Ecuatorial (PDGE). Sin embargo, los partidos menores están permitidos, pero están obligados a aceptar el liderazgo de facto del partido gobernante. El presidente Obiang es el jefe de Estado y de gobierno, y controla todas las ramas del poder. Él es el presidente más antiguo del mundo, con más de 44 años en el cargo. En este ensayo, se analizarán las características principales de dicho Renacimiento Nacionalista para la Restauración de Guinea Ecuatorial implementaremos sistema político, sus causas y sus consecuencias. Promover un diálogo nacional entre el gobierno, la oposición, la sociedad civil y la comunidad internacional, para buscar una transición pacífica y democrática del poder. Impulsaremos reformas constitucionales e institucionales que garanticen la separación de poderes, el pluralismo político, el respeto a los derechos humanos y la rendición de cuentas. Fomentar la participación ciudadana y el fortalecimiento de la sociedad civil, mediante la educación cívica, la libertad de expresión, la asociación y la movilización social. Diversificaremos la economía y reducir la dependencia del petróleo, mediante el desarrollo de otros sectores productivos, la inversión en infraestructura, la protección del medio ambiente y la lucha contra la pobreza y la desigualdad. Estas son propuestas del Renacimiento Nacionalista para la Restauración de Guinea Ecuatorial y esta recomendaciones tienen como objetivo mejorar el sistema político de Guinea Ecuatorial, y contribuir al desarrollo humano, la gobernabilidad, la democracia y la paz en el país. Se trata de medidas que requieren voluntad política, compromiso social e implicación internacional. Se espera que este ensayo haya servido para informar y concienciar sobre la situación política de Guinea Ecuatorial, y para motivar a la acción en favor del cambio.

Guinea Ecuatorial Sistema económico:

La economía de Guinea Ecuatorial se sustenta en los sectores mineros y agrícolas. El primero aporta el 95% de los ingresos de exportación y el segundo el resto. El país tiene una gran riqueza natural, que incluye oro, uranio, diamante, columbeta-tantalita y petróleo y gas. Sin embargo, esta riqueza no se distribuye equitativamente entre la población, sino que se concentra en manos de la élite política. El país tiene una alta dependencia del petróleo, que representa el 80% de las exportaciones totales y el 90% de los ingresos del gobierno. Los principales socios comerciales son España (15%), China, Estados Unidos y Japón. Guinea Ecuatorial es un país de África Central que tiene un sistema económico tradicional basado en la agricultura de subsistencia y la explotación de los recursos naturales, especialmente el petróleo y el gas, Guinea Ecuatorial tiene una de las rentas per cápita más altas de África, pero también una de las mayores desigualdades sociales y económicas del mundo. El país ha adoptado varias estrategias de desarrollo para diversificar su economía y mejorar la calidad de vida de sus habitantes. Una de ellas es el Plan Nacional de Desarrollo Económico y Social "Guinea Ecuatorial Horizonte 2020" (PNDES H2020), que se basa en cuatro ejes estratégicos: construir infraestructuras de categoría internacional, reforzar el capital humano, construir una economía diversificada que se base en el sector privado y establecer una gobernabilidad de calidad al servicio del ciudadano. Otra estrategia es la Estrategia Nacional de Desarrollo Sostenible "Agenda Guinea Ecuatorial 2035", que se adoptó en abril de 2021 y que tiene como objetivo alinear las políticas públicas con los Objetivos de Desarrollo Sostenible (ODS) de las Naciones Unidas. Esta estrategia se centra en seis ejes prioritarios: consolidar la paz y la estabilidad, fortalecer el estado de derecho y la democracia, impulsar el crecimiento económico inclusivo y sostenible, promover el desarrollo humano integral, proteger el medio ambiente y los recursos naturales y fomentar la cooperación regional e internacional.

Guinea Ecuatorial Sistema social:

La calidad de vida en Guinea Ecuatorial es muy baja. El país ocupa el puesto 145 en el ranking de desarrollo humano (IDH), que mide tres variables: una vida larga y saludable, el conocimiento y un nivel de vida digno. La esperanza de vida es de 58 años, la tasa de alfabetización es del 76% y el ingreso per cápita es de 8.300 dólares. La pobreza afecta al 76% de la población, que carece de acceso a agua potable, electricidad, saneamiento, educación y salud. La desigualdad es brutal: el 10% más rico posee el 82% del ingreso nacional. La represión de los derechos civiles y políticos es constante: hay informes de asesinatos ilegales, secuestros, torturas, detenciones arbitrarias y censura por parte del gobierno. **Conclusión.** Ante esta situación, surge la necesidad de un renacimiento nacionalista que busque la restauración de la dignidad, la libertad y la democracia en Guinea Ecuatorial. Este movimiento se basa en la recuperación de la historia, la cultura y la identidad de los diferentes pueblos que conforman el país. Estos pueblos tienen una larga tradición de resistencia y lucha contra el colonialismo y el neocolonialismo. El renacimiento nacionalista propone una reforma constitucional, una reconciliación nacional y una integración regional y continental que permitan construir un futuro mejor para todos los guineanos. "La pobreza es uno de los problemas sociales más graves que afectan a Guinea Ecuatorial. Según el Banco Mundial, el 76,8% de la población vive por debajo del umbral de pobreza nacional y el 44% sufre de pobreza extrema. La pobreza se debe principalmente a la mala distribución de la riqueza generada por el petróleo y el gas, que beneficia solo a una pequeña élite política y económica. La pobreza tiene efectos negativos sobre la salud, la educación, la nutrición y la calidad de vida de la población, especialmente de los niños y niñas. Estos son algunos de los problemas sociales que enfrenta Guinea Ecuatorial y que limitan el desarrollo humano integral de sus habitantes. En el siguiente apartado, se describen las políticas y programas que se han implementado o propuesto para mejorar la situación social del país."

Guinea Ecuatorial: Un País Independiente Pero No Libre.

La independencia y la libertad son dos conceptos que a menudo se confunden o se usan como sinónimos, pero que tienen significados diferentes. Un país independiente es aquel que no está sometido al dominio o la influencia de otro, mientras que un país libre es aquel que respeta y garantiza los derechos humanos y las libertades fundamentales de sus habitantes. En este, voy a explicar estos conceptos y a poner como ejemplo a Guinea Ecuatorial, un país africano que se independizó de España en 1968, pero que no ha logrado consolidar un sistema democrático ni una sociedad libre. ¿Qué significa ser un país independiente y libre? ¿Es lo mismo o hay diferencias? Estas son algunas de las preguntas que me hice al investigar sobre Guinea Ecuatorial, un país africano que se liberó del colonialismo español hace más de medio siglo, pero que sigue sufriendo la opresión de sus propios gobernantes. Según el diccionario de la Real Academia Española, independencia es la 'condición de un Estado que no depende de otro ni está sometido a su autoridad', mientras que libertad es el 'derecho de las personas a elegir de manera responsable su propia forma de actuar dentro de una sociedad. Guinea Ecuatorial es un caso interesante para estudiar la relación entre independencia y libertad, ya que es el único país africano que tiene como idioma oficial el español y que ha vivido bajo dos dictaduras consecutivas desde su independencia en 1968. En este, voy a examinar la historia política, económica y social de Guinea Ecuatorial, así como los desafíos y oportunidades que tiene para avanzar hacia una democracia plena y una sociedad libre. Mi propósito es mostrar que la independencia no garantiza la libertad, sino que es una condición necesaria pero no suficiente para lograrla. Espero que este texto te ayude a comprender mejor la realidad de Guinea Ecuatorial y a reflexionar sobre el valor de la libertad.

Guinea Ecuatorial: Guinea Ecuatorial La Libertad Y La Democracia.

Guinea Ecuatorial es un país africano que se independizó de España en 1968, tras una larga lucha anticolonial. Sin embargo, desde entonces, el país no ha disfrutado de la libertad y la democracia que esperaban sus habitantes. Por el contrario, Guinea Ecuatorial ha estado sometida a dos dictaduras sucesivas, que han violado los derechos humanos, reprimido a la oposición, controlado los medios de comunicación y saqueado los recursos naturales del país. La primera dictadura fue la de Francisco Macías Nguema, que gobernó el país desde 1968 hasta 1979, con el apoyo de España y Francia. Macías Nguema se autoproclamó presidente vitalicio, cambió el nombre del país por República Popular de Guinea Ecuatorial, prohibió los partidos políticos, cerró las escuelas y los hospitales, persiguió a las minorías étnicas y religiosas, y ordenó el asesinato de miles de personas, incluyendo a su propia familia. Macías Nguema fue derrocado por un golpe de estado liderado por su sobrino Teodoro Obiang Nguema, que lo ejecutó en 1979. La segunda dictadura es la de Teodoro Obiang Nguema, que sigue en el poder hasta hoy, con el apoyo de Estados Unidos y China. Obiang Nguema se ha mantenido en el poder mediante elecciones fraudulentas, cambios constitucionales, represión de la sociedad civil, censura de la prensa, tortura de los presos políticos, y corrupción de las instituciones. Obiang Nguema ha aprovechado el descubrimiento del petróleo y el gas en el país, a partir de los años 90, para enriquecerse a sí mismo y a su familia, mientras que la mayoría de la población vive en la pobreza y la exclusión. Obiang Nguema ha sido acusado de violar los derechos humanos, de financiar el terrorismo, de apoyar el narcotráfico, y de participar en el tráfico de órganos humanos. Por lo tanto, se puede afirmar que Guinea Ecuatorial es un país independiente pero no libre, ya que no respeta los principios de la soberanía popular, la separación de poderes, el estado de derecho, la transparencia, la participación, la pluralidad, y la igualdad. Guinea Ecuatorial es un ejemplo de cómo la independencia no garantiza la libertad, sino que puede ser utilizada como una excusa para perpetuar el autoritarismo, el nepotismo, el clientelismo, y el saqueo. Guinea Ecuatorial necesita una transición democrática que ponga fin a la dictadura, que recupere la memoria histórica, que restablezca la justicia, que promueva el desarrollo humano, y que respete la diversidad cultural.

El Golpe De Estado En Guinea Ecuatorial: Un Cambio Sin Garantías

Guinea Ecuatorial es un país africano que se independizó de España en 1968, tras un referéndum supervisado por las Naciones Unidas. Sin embargo, la independencia no trajo la democracia ni el desarrollo al país, sino que se convirtió en escenario de una dictadura sangrienta y corrupta. En este texto, voy a explicar cómo se produjo el golpe de estado que derrocó al primer presidente electo, Francisco Macías Nguema, y cómo su sucesor, Teodoro Obiang Nguema, ha perpetuado un régimen autoritario que viola los derechos humanos y reprime la oposición. El golpe de estado en Guinea Ecuatorial se refiere al intento de derrocar al presidente Teodoro Obiang Nguema, que lleva en el poder desde 1979, por parte de un grupo de mercenarios extranjeros y opositores políticos en el exilio. El golpe habría tenido lugar a finales de diciembre de 2017, pero fue frustrado por las autoridades ecuatoguineanas y camerunesas, que detuvieron a los implicados en la frontera entre ambos países.

El gobierno ecuatoguineano acusó al partido opositor Ciudadanos por la Innovación (CI), liderado por Gabriel Nsé Obiang, y a la Coalición CORED, una plataforma de partidos en el exilio, de estar detrás del golpe. Según la versión oficial, el objetivo de los mercenarios era asesinar a Obiang y a su familia, e instalar en el poder a Severo Moto

Nsá, un político exiliado en España que se autoproclama presidente legítimo de Guinea Ecuatorial. Los líderes opositores negaron cualquier participación en el golpe y denunciaron que se trataba de una farsa orquestada por el propio Obiang para reprimir a sus adversarios políticos y perpetuarse en el poder. Según esta hipótesis, el golpe habría sido un montaje para justificar la detención, tortura y condena de más de un centenar de personas, entre ellas militantes de CI, activistas sociales y periodistas. El intento de golpe de estado en Guinea Ecuatorial generó una condena internacional por parte de organismos como la Unión Africana, la Unión Europea o las Naciones Unidas, que pidieron el respeto a los derechos humanos y el diálogo político en el país. Sin embargo, también hubo voces que expresaron su apoyo al cambio de régimen en Guinea Ecuatorial, considerado uno de los más corruptos y represivos del mundo. Algunos analistas señalaron que el golpe podría haber sido impulsado por intereses económicos relacionados con las vastas reservas de petróleo y gas del país africano.

Los Principales Acuerdos Comerciales De Guinea Ecuatorial Con Otros Países.

Guinea Ecuatorial es un país africano que posee una gran riqueza en recursos naturales, como petróleo, gas, madera, minerales y pesca. Estos recursos le han permitido establecer acuerdos comerciales con otros países, tanto de la región como del resto del mundo. En este texto, voy a analizar los principales socios comerciales de Guinea Ecuatorial, los sectores económicos en los que se basan sus intercambios, y los beneficios y desafíos que estos acuerdos suponen para el desarrollo del país. Principales socios comerciales. Según los datos del Observatorio de Complejidad Económica (OEC), en 2019 Guinea Ecuatorial exportó un total de 4.510 millones de dólares e importó un total de 857 millones de dólares. Sus principales productos de exportación fueron el petróleo crudo, el gas licuado de petróleo, los alcoholes a cíclicos, la madera en bruto y las chapas de madera. Sus principales productos de importación fueron los barcos para propósitos especiales, la carne de ave, la cerveza, el agua con sabor y los coches. Sus principales destinos de exportación fueron China (23%), India (17%), España (16%), Corea del Sur (7%) y Países Bajos (6%). Sus principales orígenes de importación fueron España (22%), China (14%), Nigeria (14%),

Estados Unidos (5%) y Reino Unido (5%). Guinea Ecuatorial es un país africano que tiene relaciones comerciales con varios países del mundo, especialmente con China, España y sus vecinos de la región. Algunos de los acuerdos comerciales más importantes que ha firmado son los siguientes: Con China, Guinea Ecuatorial tiene un convenio comercial desde 1971, que se ha complementado con otros acuerdos de cooperación económica y técnica, así como con proyectos de infraestructura, como la construcción de una carretera entre Nkue y Mongomo. China es el primer socio comercial y el primer mercado de exportación de Guinea Ecuatorial, y ambos países están explorando la transformación económica y el desarrollo sostenible. Con España, Guinea Ecuatorial tiene una larga historia de vínculos políticos, culturales y económicos, que se remontan a la época colonial. España ha mantenido un programa de asistencia bilateral con Guinea Ecuatorial, y ambos países han firmado acuerdos para la promoción y protección recíproca de inversiones, así como para la cooperación en diversos sectores, como la educación, la salud, la energía y el medio ambiente.

Guinea Ecuatorial Sectores Económicos.

Los sectores económicos que dominan el comercio exterior de Guinea Ecuatorial son el energético, el forestal y el alimentario. El sector energético es el más importante, ya que representa el 99% de las exportaciones y el 80% del PIB del país[2]. Guinea Ecuatorial es uno de los principales productores y exportadores de petróleo y gas natural del continente africano. Algunas de las empresas que explotan estos recursos son ExxonMobil, Marathon Oil, Noble Energy y Total. El sector forestal es el segundo más importante, ya que representa el 1% de las exportaciones y el 6% del PIB del país[4]. Guinea Ecuatorial tiene una gran superficie cubierta por bosques tropicales, que le proporcionan madera de alta calidad. Algunas de las empresas que se dedican a la explotación forestal son Shimmer International, EGCTI, SOCOBOIS y SOGEFI. El sector alimentario es el tercero más importante, ya que representa el 5% de las importaciones y el 2% del PIB del país[6]. Guinea Ecuatorial tiene una producción agrícola insuficiente para satisfacer la demanda interna, por lo que depende en gran medida de las importaciones de alimentos. Algunos de los productos que más importa son la carne de ave, la cerveza, el agua con sabor y los cereales. Los sectores económicos de Guinea Ecuatorial son muy diversos y se basan en la explotación de sus abundantes recursos naturales. El sector más importante es el de los hidrocarburos, que representa el 90,5% del PIB y el 98% de las exportaciones[1]. Guinea Ecuatorial es el tercer productor de petróleo de África subsahariana y cuenta con importantes reservas de gas natural[2]. El Gobierno está impulsando la diversificación económica y la transformación industrial, mediante la construcción de infraestructuras, la promoción de la inversión extranjera y el desarrollo de sectores como la agricultura, la pesca, la minería y el turismo.

Beneficios Y Desafíos.

Los acuerdos comerciales que Guinea Ecuatorial ha establecido con otros países le han reportado beneficios pero también desafíos. Entre los beneficios se pueden mencionar: El aumento de los ingresos fiscales por la exportación de petróleo y gas natural. La diversificación de los mercados y la reducción de la dependencia de un solo socio comercial. La atracción de inversiones extranjeras en sectores estratégicos como la energía o la minería. La mejora de las infraestructuras y los servicios públicos gracias a la cooperación técnica y financiera. Entre los desafíos se pueden mencionar: La vulnerabilidad a las fluctuaciones de los precios internacionales de los hidrocarburos. La falta de competitividad y de valor añadido de los productos no energéticos. La dependencia alimentaria y la inseguridad alimentaria de la población. La corrupción, el nepotismo y la malversación de los recursos públicos. Guinea Ecuatorial es un país africano que posee una gran riqueza en recursos naturales, como petróleo, gas, madera, minerales y pesca. Estos recursos le han permitido establecer acuerdos comerciales con otros países, tanto de la región como del resto del mundo. En este texto, voy a analizar los principales socios comerciales de Guinea Ecuatorial, los sectores económicos en los que se basan sus intercambios, y los beneficios y desafíos que estos acuerdos suponen para el desarrollo del país. Principales socios comerciales. Según los datos del Observatorio de Complejidad Económica (OEC), en 2019 Guinea Ecuatorial exportó un total de 4.510 millones de dólares e importó un total de 857 millones de dólares[1]. Sus principales productos de exportación fueron el petróleo crudo, el gas licuado de petróleo, los alcoholes a cíclicos, la madera en bruto y las chapas de madera. Sus principales productos de importación fueron los barcos para propósitos especiales, la carne de ave, la cerveza, el agua con sabor y los coches. Sus principales destinos de exportación fueron China (23%), India (17%), España (16%), Corea del Sur (7%) y Países Bajos (6%). Sus principales orígenes de importación fueron España (22%), China (14%), Nigeria (14%), Estados Unidos (5%) y Reino Unido (5%). Conclusión Guinea Ecuatorial es un país que ha basado su comercio exterior en la explotación de sus recursos naturales, especialmente el petróleo y el gas natural. Esto le ha permitido establecer acuerdos comerciales con otros países, tanto de la región como del resto del mundo. Sin embargo, estos acuerdos no han sido suficientes para garantizar el desarrollo económico y social del país, que sigue enfrentando problemas como la pobreza, la desigualdad, la inestabilidad y la falta de democracia.

Los principales recursos y actividades económicas de Guinea Ecuatorial:

- El recurso más importante es el **petróleo**, que se extrae principalmente del golfo de Guinea y de la isla de Bioko. Guinea Ecuatorial es el tercer productor de petróleo de África subsahariana y exporta la mayor parte de su producción a China, España y Estados Unidos. Otro recurso importante es el **gas natural**, que se encuentra asociado al petróleo y que se utiliza para generar electricidad y para la industria petroquímica. Guinea Ecuatorial tiene una de las mayores reservas de gas natural de África y participa en el proyecto regional de gasoducto de África Occidental. La **agricultura** es el sector que ocupa a la mayor parte de la población, aunque su contribución al PIB es muy baja. Los principales cultivos son el cacao, el café, la palma de aceite, el plátano y la mandioca. La producción agrícola es insuficiente para cubrir las necesidades alimentarias del país y se depende de las importaciones. La **pesca** es otra actividad económica relevante, que se basa en la riqueza de los recursos marinos del país. Guinea Ecuatorial tiene una zona económica exclusiva de 314.000 km2 y una flota pesquera compuesta por embarcaciones artesanales e industriales. Los principales productos pesqueros son el atún, el camarón, el pulpo y el calamar.

- La **minería** es un sector emergente, que se beneficia de la existencia de yacimientos de oro, diamantes, bauxita, hierro y manganeso. El Gobierno está promoviendo la exploración y la explotación minera, con el apoyo de empresas extranjeras. El potencial minero del país es aún desconocido y requiere de más estudios geológicos. El **turismo** es un sector con gran potencial, que se basa en la diversidad de paisajes, la riqueza cultural y la biodiversidad del país. Guinea Ecuatorial cuenta con parques nacionales, playas, volcanes, lagos, cascadas y reservas de fauna. El Gobierno está invirtiendo en la mejora de la infraestructura turística, la promoción del país como destino y la protección del medio ambiente.

Guinea Ecuatorial Renacida: Un proyecto de nación para el cambio.

Somos Guinea Ecuatorial Renacer, un movimiento que nace de la voluntad y el compromiso de los ciudadanos que queremos transformar nuestro país. Durante más de cuatro décadas, hemos sufrido la opresión y la explotación del régimen dictatorial de Teodoro Obiang Nguema Mbasogo, que ha violado sistemáticamente nuestros derechos humanos, ha saqueado nuestros recursos naturales y ha impedido nuestro desarrollo. No podemos seguir tolerando esta situación. Por eso, hemos decidido decir basta y reclamar nuestro derecho a vivir en libertad, dignidad y democracia. Nuestro objetivo no es sólo derrocar al dictador, sino también construir un nuevo modelo de país, basado en principios democráticos, valores humanistas y desarrollo sostenible. Queremos crear una nueva Constitución, que refleje la voluntad popular y garantice los derechos y deberes de todos los ciudadanos. Queremos formar un nuevo gobierno, que represente a todas las fuerzas políticas y sociales, y que gestione los recursos públicos con transparencia y eficiencia. Queremos promover una nueva economía, que diversifique las fuentes de ingresos y reduzca la dependencia del petróleo. Queremos promover una nueva cultura, que recupere nuestra identidad nacional y promueva el respeto a la diversidad étnica, lingüística y religiosa. Guinea Ecuatorial Renacer es más que un movimiento político, es un proyecto de nación. Es una expresión de nuestra esperanza en un futuro mejor para nosotros y para las generaciones futuras, donde reine la justicia, la paz y el progreso. Es una invitación a todos los guineo ecuatorianos a sumarse a esta causa común, a participar activamente en este proceso de cambio y a contribuir con sus ideas y propuestas. Juntos podemos hacer realidad nuestro sueño de una Guinea Ecuatorial renacida.

¿Renacimiento Nacionalista Para La Restauración De Guinea Ecuatorial. Quiénes Somos?

Somos el Renacimiento Nacionalista para la Restauración de Guinea Ecuatorial, un movimiento político que busca liberar al país de la dictadura más larga del mundo, que lleva 44 años en el poder. Somos Renacimiento porque queremos renacer como pueblo, recuperar nuestra dignidad, nuestra libertad y nuestra cultura, que han sido oprimidas y saqueadas por dos regímenes tiránicos desde la independencia en 1968. Somos Nacionalistas porque defendemos nuestra soberanía, nuestra identidad y nuestra diversidad, frente a las injerencias externas y las divisiones internas. Somos Restauradores porque aspiramos a restaurar la democracia, el Estado de derecho y los derechos humanos en Guinea Ecuatorial, así como el desarrollo económico, social y cultural de nuestro pueblo. Somos un grupo de activistas políticos que luchamos por el cambio en Guinea Ecuatorial, un país africano rico en recursos naturales, pero empobrecido por la corrupción y la desigualdad. Nos basamos en los valores humanistas de respeto, dignidad, racionalidad y libertad de las personas, así como en la integración de la diversidad religiosa y el cuidado del medio ambiente. El RNRGE es un movimiento político y social que busca la restauración de la democracia, la justicia y los derechos humanos en Guinea Ecuatorial, frente a la dictadura de Teodoro Obiang Nguema Mbasogo, que gobierna el país desde 1979. El RNRGE se fundó en 2019, Trabajaremos una coalición de varios partidos y organizaciones opositoras al régimen, tanto dentro como fuera del país. El RNRGE se define como un movimiento nacionalista, pacífico, pluralista y progresista, que respeta la diversidad étnica, cultural y religiosa de Guinea Ecuatorial. El RNRGE tiene como objetivos principales: la convocatoria de una conferencia nacional soberana, que establezca las bases de una transición democrática; la celebración de elecciones libres, justas y transparentes, con la participación de todos los actores políticos y sociales; la reforma de la Constitución, las leyes y las instituciones, para garantizar el Estado de derecho, la separación de poderes y el respeto a los derechos humanos; la lucha contra la corrupción, el nepotismo y el despilfarro, que han empobrecido al pueblo guineano, a pesar de la riqueza de sus recursos naturales; la promoción del desarrollo económico, social y cultural, que beneficie a toda la población, especialmente a los sectores más vulnerables; y la integración de Guinea Ecuatorial en el contexto regional y continental, basada en la cooperación, la solidaridad y la paz. El RNRGE cuenta con un comité ejecutivo, un consejo nacional y una asamblea general, como órganos de dirección y representación. El RNRGE también tiene una estructura territorial, que abarca las provincias, los distritos y las localidades de Guinea Ecuatorial, así como las delegaciones en el exterior. El RNRGE se financia con las aportaciones voluntarias de sus miembros y simpatizantes, y no recibe ningún apoyo de gobiernos o entidades extranjeras. El RNRGE se comunica con sus seguidores y con la opinión pública a través de su página web[1], su boletín informativo[2] y sus redes sociales[3]. El RNRGE invita a todos los guineanos y guineanas, que comparten su visión y sus valores, a unirse a su causa, para lograr el cambio político y social que Guinea Ecuatorial necesita y merece.

La Situación Actual De Guinea Ecuatorial.

Guinea Ecuatorial es un país rico en petróleo, pero la mayoría de su población vive en la pobreza y la desigualdad. El régimen dictatorial de Teodoro Obiang Nguema, que lleva 44 años en el poder, ha violado sistemáticamente nuestros derechos humanos, ha saqueado nuestros recursos naturales y ha impedido nuestro desarrollo. Ha usado la represión, el fraude electoral y la manipulación constitucional para perpetuarse en el cargo y para favorecer a su clan familiar, que controla todos los recursos e instituciones del país. Ha cometido crímenes y abusos contra nuestro pueblo, como detenciones arbitrarias, torturas, ejecuciones extrajudiciales y censura. Lo que queremos para Guinea Ecuatorial

Queremos liberar a Guinea Ecuatorial del régimen dictatorial más largo del mundo. Queremos acabar con el poder absoluto de Obiang y su clan, y denunciar y juzgar sus crímenes y abusos. Queremos exigir la liberación de todos los presos políticos y de conciencia. Queremos restaurar un Estado democrático, justo y sostenible, donde los ciudadanos puedan participar activamente en la vida política, económica y social. Queremos convocar a elecciones libres, transparentes y plurales, donde se respete la voluntad popular y se reconozca la diversidad de opiniones. Queremos establecer un gobierno de unidad nacional, que represente a todas las etnias, regiones y sectores de la sociedad. Queremos reformar leyes e instituciones para garantizar el Estado de derecho, la separación de poderes y el respeto de los derechos humanos. Usaría un lenguaje claro, sencillo y preciso, evitando ambigüedades o generalizaciones. También usaría un tono firme, pero respetuoso, sin insultar o descalificar al régimen o a sus partidarios. Por ejemplo: No podemos seguir tolerando esta situación. Por eso, hemos decidido decir basta y reclamar nuestro derecho a vivir en libertad, dignidad y democracia. No podemos seguir tolerando esta situación. Por eso, hemos decidido decir basta y reclamar nuestro derecho a vivir en libertad, dignidad y democracia. Nuestro objetivo no es sólo derrocar al dictador, sino también construir un nuevo modelo de país, basado en principios democráticos, valores humanistas y desarrollo sostenible.

¿Guinea Ecuatorial Cómo lo lograra la libertad?

- Lo lograremos con nuestra convicción, nuestro apoyo y nuestros valores. Lo lograremos con nuestra resistencia, nuestra denuncia y nuestra propuesta. Lo lograremos con nuestra unidad, nuestra solidaridad y nuestra esperanza. Lo lograremos con nuestra convicción, porque creemos en nuestro derecho a vivir en libertad, dignidad y democracia. No nos dejaremos intimidar ni someter por el régimen dictatorial de Obiang, que usa la violencia, el miedo y la mentira para mantenerse en el poder. No renunciaremos a nuestra lucha, aunque nos cueste sacrificios y riesgos. Lo lograremos con nuestro apoyo, porque somos muchos los que queremos un cambio en Guinea Ecuatorial. Contamos con el respaldo de los ciudadanos que sufren las injusticias y las carencias del régimen, de los exiliados que anhelan volver a su tierra, de los jóvenes que aspiran a un futuro mejor, de las mujeres que reclaman su igualdad, de los intelectuales que defienden su libertad de expresión, y de muchos otros sectores de la sociedad civil. Lo lograremos con nuestros valores, porque nos guiamos por los ideales humanistas de respeto, dignidad, racionalidad y libertad de las personas. No buscamos venganza ni violencia, sino justicia y paz. Guinea Ecuatorial es un país que no es libre, con un nivel muy bajo de derechos políticos y libertades civiles. El actual presidente, Teodoro Obiang Nguema Mbasogo, lleva en el poder desde 1979, cuando derrocó a su tío en un golpe de estado. Desde entonces, ha liderado un régimen autoritario y represivo, que concentra la riqueza del petróleo y el poder político en manos de su familia. El gobierno detiene frecuentemente a los pocos políticos de oposición que hay en el país, reprime a los grupos de la sociedad civil y censura a los periodistas. El poder judicial está bajo el control presidencial, y las fuerzas de seguridad cometen torturas y otras violencias con impunidad. Para lograr la libertad, Guinea Ecuatorial tendría que pasar por un proceso de transición democrática, que implicaría el respeto a los derechos humanos, la celebración de elecciones libres y justas, la separación de poderes, la rendición de cuentas, la participación ciudadana y la inclusión social. Sin embargo, este proceso no es fácil ni rápido, y depende de muchos factores internos y externos. Algunos de estos factores son: La voluntad y la capacidad de la oposición para organizarse y movilizar a la población, así como para negociar con el gobierno y con otros actores relevantes. La presión y el apoyo de la comunidad internacional, especialmente de los países vecinos, los socios comerciales y las organizaciones regionales e internacionales, para promover el diálogo, la mediación y la asistencia técnica y financiera. La situación económica y social del país, que puede generar descontento o conformismo entre la población, así como incentivos o desincentivos para el cambio político. La actitud y el comportamiento del gobierno, que puede optar por la apertura o el cierre, la reforma o la represión, la cooperación o el conflicto, en función de sus intereses y expectativas. Éstos son solo algunos ejemplos de los elementos que pueden influir en el proceso de democratización de Guinea Ecuatorial. No hay una fórmula mágica ni una garantía de éxito, pero tampoco hay que perder la esperanza ni la lucha por la libertad

Renacimiento Nacionalista para la Restauración de Guinea Ecuatorial.

- En este proyecto, me propongo analizar la situación actual de Guinea Ecuatorial, un país que ha sufrido las consecuencias de una dictadura prolongada y que necesita urgentemente una transición democrática. Mi objetivo es explorar las posibilidades y los desafíos que se presentan para lograr este cambio, y proponer algunas estrategias y acciones concretas que podrían contribuir a mejorar las condiciones de vida de la población. Creo que Guinea Ecuatorial tiene un gran potencial para recuperar su soberanía y su identidad, y que con el apoyo de la comunidad internacional y de los propios ciudadanos, puede superar las dificultades y aprovechar las oportunidades que se le ofrecen. Presentar un conjunto de medidas prácticas y viables que podrían favorecer el bienestar y el progreso de los habitantes del país.
- Elaboraremos un plan de acción detallada y realista que podría ayudar a elevar el nivel de vida y la calidad de la democracia en la nación. Formular una serie de recomendaciones específicas y pertinentes que podrían incidir positivamente en la situación social y política del territorio. En el cuarto párrafo, podrías ser más realista y prudente sobre los resultados que esperas lograr. No es fácil ni rápido revertir los efectos de una dictadura de más de 44 años, y tampoco es seguro que el país pueda volver a ser como era en 1968, cuando se independizó de España. Podrías reconocer los desafíos y las limitaciones que implica mi propuesta, y al mismo tiempo mostrar mi optimismo y mi compromiso con el cambio. También podrías evitar usar términos como "abismo" y "situación precaria", que son muy negativos y desalentadores, y en su lugar usar

términos como "oportunidad" y "potencial", que son más positivos y motivadores.

VISION

El Renacimiento Nacionalista para la Restauración de Guinea Ecuatorial es un movimiento político radical que nació en el año 2023 como respuesta a la dictadura de Teodoro Obiang Nguema Mbasogo, y que busca restaurar la democracia, la soberanía y la dignidad del pueblo guineano. nuestro movimiento propone una serie de medidas prácticas y viables, como la reforma constitucional, la celebración de elecciones libres y transparentes, la lucha contra la corrupción, la promoción de la educación, la salud, el empleo, etc. Contamos con el apoyo de la comunidad internacional y de los propios ciudadanos, que están dispuestos a participar activamente en el cambio. Somos conscientes de las dificultades y los desafíos que implica nuestra propuesta, pero también confiamos en nuestra capacidad y nuestra voluntad para superarlos. Objetivo de la Visión del Renacimiento Nacionalista para la Recuperación de Guinea Ecuatorial es ser el instrumento mediante el cual los ciudadanos ejercen su autoridad real para orientar los rumbos de la nación. El movimiento pretende edificar un pensamiento de transformación que respalde la diversidad de identidades culturales y requerimientos económicos de los ciudadanos. La Visión del Renacimiento Nacionalista para la Recuperación de Guinea Ecuatorial se propone como el canal por el que los ciudadanos hacen valer su poder efectivo para guiar los caminos de la nación. El movimiento aspira a crear un pensamiento de innovación que apoye la variedad de identidades culturales y necesidades económicas de los ciudadanos. Nuestra visión es transformar la sociedad de Guinea Ecuatorial para que beneficie a las mayorías. Sabemos que necesitamos la colaboración de Occidente para avanzar, pero no renunciamos a nuestra identidad nacionalista. Queremos garantizar la seguridad ciudadana como un derecho democrático que permita a los ecuatoguineanos participar activamente en la vida política, económica y social de nuestro país.

MISION.

Nuestra misión es promover la participación política igualitaria y democrática, crear y consolidar las instituciones y políticas públicas que aseguren un desarrollo humano justo, equitativo y sostenible, y acabar con la dictadura que ha sumido a Guinea Ecuatorial en el caos y la miseria durante más de 44 años. Queremos restaurar un estado de derecho que respete a las personas, nuestros valores y nuestros principios. Nuestra misión es acabar con la dictadura, liberar a los guineanos secuestrados o retenidos, devolver al pueblo guineano el control de su país, mejorar la imagen de Guinea Ecuatorial ante el mundo y ante nosotros mismos, perdonar a todos los presos y exiliados políticos para que vuelvan al país y contribuyan a su futuro, y buscar la reconciliación nacional. Nuestra misión es reconciliar a la sociedad para garantizar la estabilidad del Estado. En Guinea Ecuatorial, hemos realizado varios referéndums para que los ciudadanos puedan proponer, aprobar, rechazar o revocar leyes y funcionarios. Queremos que el censo electoral sea un registro fiable y permanente de todos los que tienen derecho a votar. Aspiramos a que la participación ciudadana sea un instrumento de paz, justicia y democracia. **Nuestra misión es que el censo electoral sea un instrumento eficaz y transparente para garantizar el derecho al voto de todos los ciudadanos, independientemente de su nacionalidad o lugar de residencia. Quiero que el censo refleje fielmente la realidad demográfica y permita la participación de los electores en las distintas convocatorias electorales, respetando las especialidades previstas para las elecciones locales y europeas. Aspiro a que el censo sea fácilmente consultable por los órganos electorales competentes el día de la votación, para evitar cualquier tipo de fraude o irregularidad.**

Objetivo.

Nuestro objetivo es impulsar el renacimiento nacionalista de Guinea Ecuatorial, basado en una cultura política de derechos

humanos, inclusión social y participación ciudadana. Queremos crear espacios de diálogo y acción colectiva, donde todas las personas puedan expresar sus opiniones y demandas, sin importar su origen, creencia, situación económica, género u orientación sexual. Asimismo, queremos establecer alianzas con las organizaciones de la sociedad civil, los sindicatos, las universidades y la diáspora ecuatoguineana, para diseñar e implementar planes y programas que contribuyan al desarrollo democrático y sostenible de nuestro país. Nuestro objetivo es lograr el renacimiento nacionalista de Guinea Ecuatorial, basado en el respeto al Estado de Derecho y la separación de poderes. Queremos que el poder ejecutivo, el legislativo y el judicial actúen de forma independiente y democrática, sin injerencias ni corrupción. Asimismo, queremos recuperar la dignidad y la soberanía de nuestro país, que ha sido agotada y perdida por el régimen actual. Queremos actualizar, rejuvenecer y renovar nuestra nación, para que sea un ejemplo de progreso y libertad en África. Nuestro objetivo es liberar a Guinea Ecuatorial del yugo de la dictadura, que ha sometido al pueblo a la miseria y la represión. Queremos que todos los guineanos puedan vivir en paz y democracia, sin miedo ni exilio. Para ello, queremos promover una ley de amnistía general que permita el retorno y la participación de todos los presos y exiliados políticos. También queremos impulsar un proceso de reconciliación nacional, que siente las bases para una convivencia armoniosa y respetuosa entre todos los sectores de la sociedad. Nuestro objetivo es fortalecer el renacimiento nacionalista de Guinea Ecuatorial, mediante la colaboración con otros partidos políticos que compartan nuestra visión y valores. Queremos ser una fuerza política activa y representativa, que participe en los procesos electorales nacionales, regionales y municipales, con propuestas claras y viables. Queremos difundir nuestro ideario, programas y proyectos entre la población ecuatoguineana, para generar confianza y apoyo. Queremos también evaluar y actualizar constantemente nuestros planes y proyectos, para adaptarnos a las necesidades y demandas de la sociedad.

Gobierno de transición.

Nuestra acción tiene como objetivo liberar al pueblo guineano del yugo del dictador que lo ha sometido a una situación de rehenes durante más de 44 años, y transformar la imagen de Guinea Ecuatorial ante el mundo y ante sus propios ciudadanos. Para ello, exigimos una ley de amnistía general que permita el regreso y la participación de todos los presos y exiliados políticos en el futuro democrático del país. Asimismo, hacemos un llamado a la reconciliación nacional, basada en el reconocimiento mutuo de las partes en conflicto como actores legítimos para restaurar o instaurar la democracia. Solo así podremos garantizar la estabilidad y el progreso de nuestra nación. Nuestra acción busca la reconciliación nacional entre todos los ecuatorianos, reconociendo y reparando los daños causados por el dictador que nos ha oprimido durante décadas. Para ello, proponemos convocar a un referéndum popular que permita al pueblo expresarse libremente sobre la nueva constitución, que debe garantizar los derechos y libertades de todos los ciudadanos. Asimismo, defendemos el derecho de la ciudadanía a proponer, derogar o revocar leyes y autoridades mediante mecanismos de participación directa, como la iniciativa popular, el referéndum abrogatorio y el referéndum revocatorio. Creemos que estas medidas se basan en principios bíblicos, ya que este movimiento político considera que Guinea Ecuatorial es un pueblo cristiano y como tal debe regirse por los valores del Evangelio. Nuestra acción consiste en establecer un gobierno de transición de unidad nacional, que reemplace al régimen dictatorial que ha sumido al país en la miseria y la violación de los derechos humanos. Un gobierno de transición es una autoridad provisional que se encarga de gestionar el cambio político, ya sea por la formación de un nuevo estado o por el colapso del anterior. Nuestro gobierno de transición estará conformado por 22 miembros representativos de todos los sectores de la sociedad, que gobernarán el país durante un período de

48 meses, con el objetivo de preparar el camino para unas elecciones libres y democráticas. Durante este período, el gobierno de transición se compromete a transparentar su gestión y a rendir cuentas a la ciudadanía, así como a respetar los principios de la legalidad, la pluralidad y la participación.

Durante El Gobierno De Transición.

Nuestra acción no solo busca derrocar al dictador de Guinea Ecuatorial, sino también construir una nueva cultura de integridad en el sector público, mediante la implementación de un modelo de prevención y control de la corrupción. Un plan de transición es un documento que orienta el camino de estudio y las actividades y estrategias relacionadas, basado en las fortalezas, intereses y preferencias del estudiante, para ayudarlo a lograr sus metas post-secundarias relacionadas con la formación, la educación, el empleo y/o la vida independiente. Nuestro plan de transición abarca todos los aspectos de la vida del estudiante, incluyendo: educación, empleo, vivienda, salud y transporte. Asimismo, nuestro plan de transición contempla la reapertura de las fronteras, que han sido cerradas por el régimen desde el 3 de Agosto de 1979, para permitir el ingreso de refugiados políticos, exiliados políticos y otros guineanos que residen en el extranjero desde 1970, ya sea como destino final o como tránsito. Nuestro plan de reapertura se basa en tres principios: seguridad, gradualidad y trazabilidad. Nuestra acción implica la elaboración de una nueva Constitución de Guinea Ecuatorial, que sea la norma suprema que regule la organización política y jurídica del país. La actual Constitución, promulgada en 2012, es el resultado de una reforma constitucional impuesta por el régimen dictatorial, que no contó con la participación ni el consenso de la ciudadanía. La

Constitución anterior, aprobada en 1973, tampoco fue fruto de un proceso democrático, sino de una imposición del régimen de Francisco Macías, que obtuvo un 99% de votos a favor en un referéndum sin observadores internacionales. Nuestra nueva Constitución establecerá los principios fundamentales del Estado, como la soberanía nacional, la democracia, la justicia social, la igualdad y la libertad. También garantizará los derechos y deberes fundamentales de los ciudadanos, como el derecho a la vida, la libertad de expresión y el derecho a un juicio justo. Nuestra nueva Constitución será el resultado de un proceso participativo, transparente y pluralista, que refleje la voluntad y la diversidad del pueblo guineano.

Levantamiento Popular
En Guinea Ecuatorial.

.El pueblo de Guinea Ecuatorial se ha levantado contra la dictadura de Teodoro Obiang Nguema, que lleva más de 44 años gobernando el país con mano de hierro. El movimiento del Levantamiento Popular en Guinea Ecuatorial es una de las expresiones de esta resistencia y lucha, que busca el cambio político y social en la nación africana. El régimen dictatorial de Teodoro Obiang Nguema, que lleva más de 44 años en el poder, se enfrenta a la resistencia y la lucha del pueblo de Guinea Ecuatorial, que reclama el fin de la opresión y la injusticia. Entre las expresiones de esta rebelión popular se encuentra el movimiento del Levantamiento Popular en Guinea Ecuatorial, una organización política que se define como nacionalista, democrática y progresista, y que propone un proyecto de cambio integral para el país. Tanto el levantamiento popular como el movimiento del RNRGE denuncian el autoritarismo, la represión, la corrupción, el nepotismo y la pobreza que sufren los guineanos bajo el gobierno de Obiang, que se ha enriquecido a costa de los recursos naturales del país, especialmente el petróleo. Ambos demandan la convocatoria de elecciones libres y democráticas, el respeto a los derechos humanos y el desarrollo social y económico de la nación africana.

VISION.

Levantamiento Popular en Guinea Ecuatorial Nuestro sueño es
una Guinea Ecuatorial libre, justa y próspera. Para lograr esta visión,
queremos una sociedad pluralista, participativa y solidaria, donde
todos los ciudadanos tengan voz y voto en las decisiones que les
afectan. Una sociedad que fomente la educación, la cultura, la ciencia
y el desarrollo sostenible, y que combata la pobreza, la desigualdad,
la violencia y la discriminación. Una sociedad que promueva la paz,
la cooperación y la integración regional e internacional. Esta es
la sociedad que inspiramos del levantamiento popular en Guinea
Ecuatorial, un intento legítimo y heroico de cambiar el rumbo de un
país sometido a una dictadura cruel y corrupta. Es la sociedad que
respeta los derechos humanos, la diversidad cultural y la soberanía
nacional. Es la sociedad que aspiramos a construir con el movimiento
del levantamiento, una organización política que se define como
nacionalista, democrática y progresista, y que propone un proyecto de
cambio integral para el país. Queremos una sociedad que se preocupe
por el bienestar de todos sus miembros, que impulse el progreso de la
educación, la cultura, la ciencia y el desarrollo sostenible, que luche
contra las causas y las consecuencias de la pobreza, la desigualdad, la
violencia y la discriminación, y que fomente la convivencia pacífica,
la cooperación mutua y la integración regional e internacional. Esta
es nuestra visión de una sociedad ideal, que respete los derechos
humanos, la diversidad cultural y la soberanía nacional.

. Misión:

Nuestra misión es luchar por la liberación de nuestro pueblo,
que padece la opresión de una dictadura desde hace más de 44 años.
Queremos terminar con el régimen tiránico y corrupto de Obiang
Nguema, que viola los derechos humanos, saquea los recursos
naturales y mantiene al país en la pobreza y el atraso. Para ello, nos
basamos en los siguientes principios y estrategias: Forjar una unidad
de fuerzas opositoras, que integre a los diferentes partidos políticos,

movimientos sociales, organizaciones civiles y personalidades que comparten nuestra visión de una Guinea Ecuatorial libre, justa y próspera. Una unidad que tenga una propuesta clara y coherente de cambio político, social y económico, y que sepa dialogar y negociar con el gobierno y con otros actores nacionales e internacionales. Empoderar a la sociedad civil, para que se exprese libremente, para que denuncie las violaciones de derechos humanos, para que exija reformas electorales y constitucionales, y para que se organice en asociaciones y movimientos sociales. Movilizar a la comunidad internacional, para que apoye nuestra causa y presione al gobierno para que respete los principios democráticos, los derechos humanos y el estado de derecho. Una comunidad internacional que reconozca nuestra legitimidad como representantes del pueblo guineano, que nos brinde asistencia técnica y financiera, y que nos ayude a resolver los conflictos pacíficamente. Facilitar el escenario para una transición democrática, que garantice el respeto a la voluntad popular, la celebración de elecciones libres y transparentes, la formación de un gobierno inclusivo y representativo, la elaboración de una nueva constitución consensuada y participativa, la reconciliación nacional y la integración regional. Sensibilizar a la sociedad civil, para que sepa defender sus derechos y cumplir sus deberes, y para que se involucre activamente en el proceso democrático.

Objetivo:

Levantamiento Popular en Guinea Ecuatorial nuestro objetivo es impulsar un proceso constituyente, que permita al pueblo de Guinea Ecuatorial decidir libremente el tipo de constitución que quiere para su país. Queremos una constitución democrática, inclusiva y progresista, que refleje los valores, las aspiraciones y la diversidad de nuestra nación. Una constitución que garantice: La separación de poderes, para evitar la concentración y el abuso del poder, y para asegurar el equilibrio y el control entre los órganos del Estado. El estado de derecho, para que todos los ciudadanos se sometan a la ley, y para que la ley se aplique con justicia e imparcialidad. Nuestro objetivo es promover un proceso constituyente, que permita al pueblo de Guinea Ecuatorial elegir soberanamente el tipo de constitución que quiere para su país. Queremos una constitución democrática, inclusiva y progresista, que refleje los valores, las aspiraciones y la diversidad de nuestra nación. Una constitución que garantice: Los derechos fundamentales, para que se respeten y protejan los derechos humanos, civiles, políticos, económicos, sociales y culturales de todas las personas, sin discriminación alguna. La autonomía de las regiones, para que se reconozca y se fomente la identidad, la cultura y el desarrollo de las diferentes zonas geográficas e históricas del país. La protección del medio ambiente, para que se preserve y se mejore el patrimonio natural y ecológico del país, y para que se promueva un desarrollo sostenible y responsable con el planeta. La participación ciudadana, para que se facilite y se estimule la implicación de la sociedad civil en los asuntos públicos, y para que se fortalezca la democracia directa y representativa.

Estrategias

- El propósito de esta estrategia es derrocar al dictador Teodoro Obiang Nguema Mbansogo y establecer un gobierno democrático y pluralista que respetara los derechos humanos y las diferencias étnicas y culturales de Guinea Ecuatorial. La rebelión se iniciara en Rio muni de la Región continental del país donde se encontrara la mayor parte de la oposición al régimen. Los rebeldes lanzaron ataques contra varios objetivos militares y gubernamentales, como el aeropuerto, la radio, el palacio presidencial y la prisión. Sin embargo, la rebelión triunfara debido a la buena de coordinación, de armas y de apoyo popular. Las fuerzas leales al sucesor de Teodoro Obiang Nguema Mbansogo que contaran con el apoyo de tropas de otros país y mercenarios franceses, para no reprimieran rápidamente el levantamiento. En lugar de enfrentarme directamente al régimen, buscaremos formas de socavar su legitimidad y credibilidad ante la opinión pública nacional e internacional. Por ejemplo, podríamos documentar y difundir las evidencias de sus crímenes, corrupción y violaciones de derechos humanos, y presentarlas ante los tribunales, los medios de comunicación y las organizaciones de derechos humanos. En lugar de confiar solo en la vía electoral, exploraría otras formas de movilización y resistencia pacífica, como las protestas, las huelgas, las campañas de desobediencia civil, las iniciativas de educación cívica y las redes de apoyo mutuo. Estas acciones podrían generar un mayor apoyo popular y presionar al Gobierno para que responda a las demandas de la ciudadanía. En lugar de aislarme de la comunidad internacional, buscaría alianzas y colaboraciones con otros actores que comparten los mismos valores y objetivos democráticos, como los partidos políticos, las organizaciones de la sociedad civil, los grupos de la diáspora, los líderes religiosos, los intelectuales, los artistas, etc. Estos actores podrían ofrecer recursos, asesoramiento, protección y solidaridad a la oposición, y también ejercer influencia sobre el Gobierno de Guinea Ecuatorial y sus aliados. En lugar de renunciar a la esperanza y la lucha, mantendría la determinación y la perseverancia para seguir defendiendo los principios y los derechos que considero fundamentales para el bienestar y el progreso de mi país. A pesar de las dificultades y los riesgos, creo que el cambio es posible y que el pueblo de Guinea Ecuatorial merece vivir en paz, libertad y democracia.

Recomendación A La Comunidad Internación Y Cuerpo Diplomático.

- Guinea Ecuatorial es un país africano que vive bajo una dictadura desde hace más de medio siglo. Su actual presidente, Teodoro Obiang Nguema, llegó al poder en 1979 tras derrocar a su tío, Francisco Macías Nguema, que había instaurado un régimen de terror y violencia tras la independencia de España en 1968. Desde entonces, Obiang Nguema ha gobernado el país con mano de hierro, reprimiendo a la oposición, a la sociedad civil y a los medios de comunicación, violando los derechos humanos y el Estado de derecho, y enriqueciéndose a costa de los recursos naturales, especialmente el petróleo, mientras la mayoría de la población vive en la pobreza y la exclusión. Ante esta situación, es urgente que la comunidad internacional presione al Gobierno de Guinea Ecuatorial para que respete los principios democráticos, las libertades fundamentales y los compromisos internacionales que ha suscrito. Para ello, se podrían adoptar las siguientes medidas: Usar los canales diplomáticos para exigir al régimen que libere a los presos políticos, que permita la participación de la oposición y la sociedad civil en el proceso político, que garantice la independencia del poder judicial y que respete los derechos humanos de todos los ciudadanos, sin discriminación por razón de etnia, género, religión u orientación sexual. Aplicar sanciones económicas al régimen y a sus colaboradores, como el congelamiento de activos, la prohibición de viajar, la suspensión de la cooperación o la restricción del comercio, especialmente en el sector petrolero, que es la principal fuente de ingresos del Gobierno.

Utilizar los foros multilaterales, como las Naciones Unidas, la Unión Africana o la Unión Europea, para denunciar la situación de Guinea Ecuatorial, para apoyar el trabajo de los organismos de derechos humanos y para promover iniciativas de diálogo y transición democrática en el país. La oposición y la sociedad civil ecuatoguineanas son los principales actores que pueden impulsar un cambio democrático en Guinea Ecuatorial, un país que sufre una de las dictaduras más largas y crueles de África. Sin embargo, estos actores se enfrentan a enormes dificultades y riesgos para ejercer su labor, debido a la represión, la censura y la persecución que sufren por parte del régimen de Teodoro Obiang Nguema, que lleva más de 40 años en el poder. Por eso, es fundamental que la comunidad internacional apoye a la oposición y a la sociedad civil ecuatoguineanas, tanto dentro como fuera del país, para que puedan fortalecer su capacidad, su visibilidad y su incidencia política. Para ello, se podrían adoptar las siguientes medidas: Ofrecer asistencia técnica, financiera y logística a los partidos políticos, las organizaciones no gubernamentales, los medios de comunicación independientes y los defensores de derechos humanos que trabajan por la democracia, la justicia y el desarrollo en Guinea Ecuatorial. Esta asistencia podría incluir formación, equipamiento, financiación, asesoramiento y acompañamiento.

Negociación Entre El Gobierno Saliente Y Entrante El Gobierno De Oposición

Guinea Ecuatorial es un país que vive bajo el yugo de una dictadura desde hace más de medio siglo. Su actual presidente, Teodoro Obiang Nguema, se mantiene en el poder desde 1979, cuando derrocó a su tío, Francisco Macías Nguema, que había instaurado un régimen de terror y violencia tras la independencia de España en 1968. Desde entonces, Obiang Nguema ha gobernado el país con mano de hierro, reprimiendo a la oposición, a la sociedad civil y a los medios de comunicación, violando los derechos humanos y el Estado de derecho, y enriqueciéndose a costa de los recursos naturales, especialmente el petróleo, mientras la mayoría de la población vive en la pobreza y la exclusión Aplicar sanciones económicas, políticas y diplomáticas al régimen y a sus colaboradores, como el congelamiento de activos, la prohibición de viajar, la suspensión de la cooperación o la restricción del comercio, especialmente en el sector petrolero, que es la principal fuente de ingresos del Gobierno. Estas sanciones podrían presionar al régimen para que acepte negociar su salida del poder, y para que cese la represión, la violencia y la impunidad contra la oposición y la sociedad civil. Apoyar a la oposición y a la sociedad civil ecuatoguineanas, tanto dentro como fuera del país, para que puedan fortalecer su capacidad, su visibilidad y su incidencia política. Estos países podrían ofrecer asistencia técnica. Fomentar el diálogo y la negociación entre el Gobierno y la oposición, con el fin de facilitar una salida política a la crisis. Apoyar a la oposición y a la sociedad civil ecuatoguineanas, tanto dentro como fuera del país, para que puedan fortalecer su capacidad, su visibilidad y su incidencia política. Estos países podrían ofrecer asistencia técnica. Estos países podrían actuar como mediadores, facilitadores o garantes de un proceso inclusivo y participativo que respete la voluntad y las aspiraciones del pueblo ecuatoguineano, expresadas en las urnas o en las calles. Este proceso podría contar con el apoyo de organismos internacionales, regionales o subregionales, como las Naciones Unidas, la Unión Africana, la Comunidad Económica de Estados de África Central o la Comunidad de Países de Lengua Portuguesa, que tienen experiencia y legitimidad en la resolución de conflictos.

Fomentar Actualmente Las Denuncias Contra El Dictador.

Denunciar las violaciones de los derechos humanos y las irregularidades electorales cometidas por el régimen de Obiang, y exigir el respeto a la ley y a la Constitución[1]. Apoyar el diálogo y la unidad entre los diferentes partidos y movimientos de la oposición, tanto los que están dentro del país como los que están en el exilio, para que puedan presentar una alternativa creíble y pacífica al poder[2]. Ofrecer asistencia técnica, financiera y logística a las organizaciones de la sociedad civil, especialmente a las que trabajan en el ámbito de la educación, la salud, el medio ambiente, la cultura y los derechos de las mujeres, para que puedan desarrollar sus capacidades, su visibilidad y su incidencia política[3]. Fomentar la cooperación y la solidaridad entre la sociedad civil ecuatoguineana y la de otros países africanos y del mundo, para que puedan compartir experiencias, conocimientos y recursos, y crear redes de apoyo mutuo. Promover el acceso a la información y a la comunicación de los ciudadanos ecuatoguineanos, tanto dentro como fuera del país, para que puedan estar informados de lo que ocurre en su país y en el mundo, y expresar libremente sus opiniones y demanda. Una de las medidas que se podrían tomar para apoyar a la oposición y a la sociedad civil ecuatoguineanas es promover el acceso a la información y a la comunicación de los ciudadanos de este país, tanto los que viven dentro de sus fronteras como los que se encuentran en el exilio o en otros lugares. De esta manera, se les daría la oportunidad de estar al tanto de la situación política, social, económica y cultural de su país y de lo que sucede en el resto del mundo, así como de expresar libremente sus opiniones, demandas y propuestas para el cambio. Esto contribuiría a fortalecer su conciencia crítica, su participación ciudadana y su capacidad de incidir en las decisiones que les afectan. Dar la oportunidad de estar al tanto de la situación política, social, económica y cultural de su país y de lo que sucede en el resto del mundo, así como de expresar libremente sus opiniones, demandas y propuestas para el cambio es una forma de apoyar a la oposición y a la sociedad civil ecuatoguineanas. Esta medida les permitiría tener una mayor conciencia crítica, participación ciudadana e incidencia política, y así poder luchar por sus derechos y por una democracia real. Sin embargo, para que esta medida sea efectiva, se necesita también garantizar la libertad de información y de expresión, y proteger a los periodistas, activistas y defensores de los derechos humanos que se enfrentan a la represión y la censura del régimen de Obiang.

La Cobertura Sanitaria Universal En Guinea Ecuatorial.

La cobertura sanitaria universal (CSU) es la situación en la que todas las personas y comunidades reciben los servicios de salud que necesitan sin tener que pasar penurias financieras para pagarlos. Es un derecho humano fundamental y un elemento clave para el desarrollo sostenible. La CSU implica garantizar el acceso a servicios de salud de calidad, desde la promoción de la salud hasta la prevención, el tratamiento, la rehabilitación y los cuidados paliativos, a lo largo de toda la vida. En Guinea Ecuatorial, el Gobierno ha expresado su compromiso con la CSU y ha elaborado un Plan Nacional de Desarrollo Sanitario, cuya estrategia de implementación es el Plan de Operativización del Distrito Sanitario. Este plan contempla como meta principal alcanzar la CSU mediante la Atención Primaria de Salud (APS), que incluye la implementación de los servicios de lucha contra el paludismo y otras enfermedades transmisibles y no transmisibles en todo el ámbito nacional[34]. El plan también busca fortalecer el Sistema Nacional de Salud, mejorar la calidad y la equidad de los servicios, aumentar la financiación y la gestión de los recursos humanos, y proteger a la población de los riesgos financieros asociados al gasto en salud. Para lograr la CSU en Guinea Ecuatorial, se necesita también el apoyo de los socios al desarrollo del sector salud, como la OMS, las agencias de las Naciones Unidas, las empresas petrolíferas, las organizaciones no gubernamentales y otros actores relevantes. Estos socios pueden ofrecer asistencia técnica, financiera y logística, así como compartir experiencias y buenas prácticas de otros países que han avanzado hacia la CSU[36]. Asimismo, se requiere una mayor participación y empoderamiento de la sociedad civil, los medios de comunicación y las comunidades locales, para que puedan exigir sus derechos a la salud y a la rendición de cuentas por parte de las autoridades. La atención sanitaria universal (CSU) es la situación en la que todas las personas y comunidades reciben los servicios de salud que necesitan sin tener que pasar penurias financieras para pagarlos. Es un derecho humano fundamental y un elemento clave para el desarrollo sostenible[1]. La CSU implica garantizar el acceso a servicios de salud de calidad, desde la promoción de la salud hasta la prevención, el tratamiento, la rehabilitación y los cuidados paliativos, a lo largo de toda la vida. La CSU contribuye al desarrollo sostenible de varias maneras. Por un lado, mejora la salud y el bienestar de las personas, lo que se refleja en el objetivo 3 de los Objetivos de Desarrollo Sostenible (ODS). Una población sana puede aprovechar mejor las oportunidades educativas, laborales y económicas, y participar activamente en la sociedad. Por otro lado, la CSU reduce la pobreza y la desigualdad, lo que se relaciona con los objetivos 1 y 10 de los ODS. Al evitar que las personas tengan que pagar por los servicios de salud de su bolsillo, la CSU previene que caigan en la pobreza o que se empobrezcan más. Además, al garantizar el acceso equitativo a los servicios de salud para todos, la CSU reduce las brechas entre los grupos más vulnerables y los más privilegiados. Por último, la CSU promueve la paz y la justicia, lo que se vincula con el objetivo 16 de los ODS. Al fortalecer los sistemas de salud y la gobernabilidad, la CSU mejora la capacidad de respuesta y la rendición de cuentas de las instituciones, y fomenta la confianza y la cohesión social. En conclusión, la atención sanitaria universal es esencial para el desarrollo sostenible, ya que tiene un impacto positivo en la salud, la economía, la sociedad y el medio ambiente. Para lograr la CSU, se requiere el compromiso político de los gobiernos, el apoyo de los socios al desarrollo, la participación de la sociedad civil y la colaboración de todos los sectores. Sin embargo, millones de personas en el mundo carecen de acceso a una atención sanitaria asequible y de calidad, lo que afecta negativamente a su bienestar y a su potencial. Una atención sanitaria asequible y de calidad es la base para que las personas lleven una vida productiva y plena y para que los países desarrollen economías sólidas. Una atención sanitaria asequible significa que las personas pueden recibir los servicios de salud que necesitan sin sufrir dificultades financieras. Una atención sanitaria de calidad significa que los servicios de salud son efectivos, seguros, centrados en las personas, equitativos y eficientes. Una atención sanitaria asequible y de calidad contribuye a mejorar la salud y la esperanza de vida de la población, a reducir la pobreza y la desigualdad, a impulsar el crecimiento económico y la innovación, y a fortalecer la cohesión social y la paz.

La Creación De Empleo De La Clase Media En Guinea Ecuatorial.

Los trabajos de clase media son aquellos que se sitúan en un nivel intermedio entre la clase trabajadora y la clase alta en la jerarquía laboral, dependiendo del salario que perciben. Estos trabajos suelen requerir una mayor cualificación, responsabilidad y autonomía que los de la clase trabajadora, pero menor que los de la clase alta. Los trabajos de clase media pueden ser muy diversos y abarcar desde profesiones liberales hasta empleados públicos, pasando por técnicos, administrativos o comerciantes. Según un estudio de la OCDE de la población española pertenece a la clase media, aunque esta proporción ha disminuido en los últimos años debido a la crisis económica y al aumento de la desigualdad. Para acceder a un trabajo de clase media, es posible obtener un puesto inicial de ingresos medios con solo tener el título de bachillerato o un ciclo formativo de grado medio o superior. Sin embargo, algunos trabajos de clase media requieren que tengas cierta educación universitaria, varios años de experiencia o habilidades avanzadas en algún campo específico. Por ejemplo, para ser abogado, médico o ingeniero, necesitas tener una carrera universitaria y un máster o doctorado. Para ser profesor, periodista o diseñador gráfico, necesitas tener una licenciatura o grado. Para ser técnico informático, administrativo o comercial, necesitas tener un ciclo formativo de grado superior o una certificación profesional. Los trabajos de clase media son aquellos que se sitúan en un nivel intermedio entre la clase trabajadora y la clase alta en la jerarquía laboral, dependiendo del salario que perciben. Estos trabajos suelen requerir una mayor cualificación, responsabilidad y autonomía que los de la clase trabajadora, pero menor que los de la clase alta. Los trabajos de clase media pueden ser muy diversos y abarcar desde profesiones liberales hasta empleados públicos, pasando por técnicos, administrativos o comerciantes. Según un estudio de la OCDE de la población española pertenece a la clase media, aunque esta proporción ha disminuido en los últimos años debido a la crisis económica y al aumento de la desigualdad. Para acceder a un trabajo de clase media, es posible obtener un puesto inicial de ingresos medios con solo tener el título de bachillerato o un ciclo formativo de grado medio o superior. Sin embargo, algunos trabajos de clase media requieren que tengas cierta educación universitaria, varios años de experiencia o habilidades avanzadas en algún campo específico. Por ejemplo, para ser abogado, médico o ingeniero, necesitas tener una carrera universitaria y un máster o doctorado. Para ser profesor, periodista o diseñador gráfico, necesitas tener una licenciatura o grado. Para ser técnico informático, administrativo o comercial, necesitas tener un ciclo formativo de grado superior o una certificación profesional. Los trabajos de clase media tienen ventajas e inconvenientes desde diferentes puntos de vista. Por un lado, ofrecen una mayor estabilidad económica, social y laboral que los trabajos de clase trabajadora, así como más oportunidades de ascenso y desarrollo profesional. Por otro lado, implican una mayor presión, competencia y estrés que los trabajos de clase alta, así como más riesgos de precarización y desempleo en tiempos de crisis. Además, los trabajos de clase media pueden generar sentimientos contradictorios entre las personas que los desempeñan, como orgullo, satisfacción, frustración o insatisfacción.

La Seguridad Social En Guinea Ecuatorial.

La seguridad social es un sistema que ofrece protección a las personas y a sus familias ante situaciones de necesidad o riesgo social, como la enfermedad, el desempleo, la vejez, la invalidez, los accidentes laborales, la maternidad o la pérdida del sustento familiar. La seguridad social garantiza el derecho a la salud y a un ingreso mínimo que permita cubrir las necesidades básicas. La seguridad social es un pilar fundamental del desarrollo humano y social, ya que contribuye a mejorar la calidad de vida, a reducir la pobreza y la desigualdad, a fomentar la solidaridad y la cohesión social, y a promover la paz y la democracia. La seguridad social se financia con las contribuciones de los trabajadores, los empleadores y el Estado, que se destinan a un fondo común que se administra de forma transparente y eficiente. La seguridad social se organiza en diferentes ramas o modalidades, según el tipo de prestación que se ofrece. Algunas de las ramas más comunes son: la asistencia sanitaria, que cubre los gastos médicos y farmacéuticos; las pensiones, que otorgan una renta periódica a los jubilados o a los familiares de los fallecidos; las prestaciones por desempleo, que compensan la pérdida de ingresos por falta de trabajo; las prestaciones familiares, que apoyan a las familias con hijos o con personas dependientes; y las prestaciones por incapacidad temporal o permanente, que indemnizan a los trabajadores que sufren una lesión o una enfermedad que les impide trabajar. La seguridad social no es igual en todos los países ni en todas las regiones. Existen diferentes modelos y niveles de cobertura según el grado de desarrollo económico, el sistema político, la cultura y la historia de cada lugar. Algunos países tienen sistemas universales y gratuitos que cubren a toda la población sin distinción. Otros tienen sistemas mixtos que combinan la cobertura pública con la privada o con la voluntaria. Y otros tienen sistemas limitados o inexistentes que dejan a gran parte de la población desprotegida o dependiente de la caridad o de la ayuda internacional. La seguridad social es un tema complejo y controvertido que genera debates y propuestas entre los diferentes actores sociales. Algunos defienden la necesidad de ampliar y mejorar la seguridad social para garantizar una vida digna a todas las personas. Otros cuestionan la sostenibilidad y la eficacia de la seguridad social y proponen reformas o recortes que reduzcan su alcance o su costo. Y otros plantean alternativas o complementos a la seguridad social basados en el ahorro individual, el mercado o la participación comunitaria.

La Libertad De Expresión En Guinea Ecuatorial.

La libertad de expresión es uno de los derechos humanos más fundamentales y universales, reconocido en el artículo 19 de la Declaración Universal de Derechos Humanos. Este derecho implica la posibilidad de buscar, recibir y difundir informaciones e ideas de todo tipo, ya sea de forma oral, escrita o mediante nuevas tecnologías de la información, como internet o las redes sociales. La libertad de expresión no puede estar sujeta a censura previa por parte de las autoridades, sino sólo a responsabilidades ulteriores expresamente establecidas por la ley y que sean necesarias para proteger otros derechos o intereses legítimos. La libertad de expresión es esencial para el ejercicio de otros derechos humanos, como el derecho a la libertad de pensamiento, conciencia y religión; el derecho a la libertad de asociación y reunión; o el derecho a participar en la vida pública. La libertad de expresión también es indispensable para el funcionamiento de la democracia, ya que permite el debate público, la crítica al poder, la denuncia de abusos y la exigencia de rendición de cuentas. La libertad de expresión tiene su origen histórico en las luchas por los derechos civiles y políticos. La[1]. Es un principio indispensable para las sociedades democráticas, ya que favorece el intercambio de ideas, el descubrimiento de la verdad, el control del poder político y el desarrollo personal y social. Para implementar la libertad de expresión en un país, se requieren algunas condiciones básicas, como: El respeto a la dignidad humana y a los derechos de los demás. La libertad de expresión no es absoluta, sino que tiene límites cuando afecta a los derechos o la reputación de otras personas, o cuando amenaza la seguridad nacional, el orden público, la salud o la moral públicas[3]. Clasificada. El reconocimiento legal y constitucional de la libertad de expresión. El Estado debe garantizar el derecho a la libertad de expresión en sus leyes y en su Constitución, y protegerlo de cualquier interferencia o restricción arbitraria. Además, debe promover la pluralidad y la diversidad de los medios de comunicación, y evitar la censura previa o posterior, la autocensura, el monopolio o la concentración mediática La educación y la cultura de la libertad de expresión. El Estado debe fomentar la educación y la sensibilización sobre la importancia de la libertad de expresión, y crear espacios de diálogo y participación ciudadana. Asimismo, debe respetar y promover la libertad de expresión en Internet, como un medio de comunicación global y accesible, y garantizar el acceso a la información pública y el derecho a la privacidad. Estas son algunas de las medidas que se pueden tomar para implementar la libertad de expresión en un país, pero no son las únicas. También se requiere el compromiso y la responsabilidad de todos los actores sociales, como los periodistas, los políticos, los activistas, los artistas, los académicos y los ciudadanos en general, para ejercer y defender este derecho, y para usarlo de forma constructiva y respetuosa.

Haremos La Justicia
Guinea Ecuatorial.

La justicia es el valor que sustenta la filosofía de los derechos humanos, ya que implica el reconocimiento y la protección de la dignidad y la igualdad de todas las personas, sin distinción de raza, género, religión, orientación sexual, edad, nacionalidad o cualquier otra condición. La justicia también es una cualidad ética que guía el comportamiento humano hacia el bienestar colectivo y la convivencia pacífica, y que evita el abuso, la corrupción, la discriminación o la violencia. La justicia es también una virtud moral que orienta el comportamiento humano hacia el bien común y no hacia el egoísmo o el interés particular. La justicia es el principio que orienta la defensa y el cumplimiento de los derechos y deberes de cada persona y de cada colectivo, así como el reparto justo de los recursos y las responsabilidades de la sociedad. La justicia busca el equilibrio entre el interés individual y el interés general, y previene las situaciones de desigualdad, injusticia o exclusión. La justicia implica reconocer y garantizar los derechos y deberes de cada individuo y de cada grupo social, así como distribuir equitativamente los beneficios y las cargas de la convivencia. La justicia es el criterio que determina la aplicación de las leyes y el funcionamiento del sistema legal, que establece reglas y penas para regular las acciones de los ciudadanos y prevenir o solucionar los problemas. La justicia busca el respeto a los derechos humanos, el mantenimiento del orden social y la reparación del daño causado. Un ejemplo de cómo se aplica la justicia en la sociedad es el sistema legal, que establece normas y sanciones para regular las conductas de los ciudadanos y prevenir o resolver los conflictos. La justicia es el fundamento del sistema legal, que debe garantizar el cumplimiento de las leyes y el respeto a los principios jurídicos, como el estado de derecho, el debido proceso, la presunción de inocencia y la proporcionalidad de las penas. La justicia implica que todas las personas sean tratadas con igualdad ante la ley, que tengan derecho a una defensa justa y a un juicio imparcial, y que las sanciones sean acordes con la gravedad de los delitos. Por lo tanto, toda persona que cometa un acto ilícito, como un hurto, tiene que enfrentarse a un proceso judicial justo y recibir una pena proporcional a la magnitud de su falta. Asimismo, tiene que compensar el perjuicio ocasionado a la persona afectada o al conjunto de la sociedad. Esto es lo correcto porque así lo determina la normativa legal y porque respeta los derechos fundamentales de todos los ciudadanos. Por lo tanto, toda persona que cometa un acto ilícito, como un hurto, tiene que enfrentarse a un proceso judicial justo y recibir una pena proporcional a la magnitud de su falta. Asimismo, tiene que compensar el perjuicio ocasionado a la persona afectada o al conjunto de la sociedad. Esto es lo correcto porque así lo determina la normativa legal y porque respeta los derechos fundamentales de todos los ciudadanos.

La Solidaridad En Guinea Ecuatorial.

La solidaridad es un valor humano que consiste en la colaboración mutua entre los individuos para apoyarse y ayudarse en situaciones difíciles o de necesidad. La solidaridad nos permite superar los desastres más terribles, como guerras, pestilencias, enfermedades, entre otras, que amenazan nuestra vida y nuestra dignidad. La solidaridad también nos permite construir una sociedad más justa, humana y pacífica, basada en el respeto, la empatía y la fraternidad. La solidaridad es parte de la supervivencia humana, ya que todos hemos necesitado ayuda en algún momento de nuestra vida, y también hemos podido ofrecerla a otros. Ser solidario es tan beneficioso e importante para el ser humano, porque nos hace sentir útiles, valorados y felices, y porque mejora nuestra autoestima, nuestra salud y nuestra convivencia. Además, la solidaridad es accesible para todos, ya que no requiere de grandes recursos ni de condiciones especiales. Podemos ser solidarios de muchas formas sencillas y cotidianas, como donar dinero a una causa social, donar tiempo a una organización benéfica, ceder un asiento a una persona mayor o con discapacidad, difundir un mensaje de concienciación o de apoyo, etc. La solidaridad no es solo un valor individual, sino también colectivo. La solidaridad implica asumir una responsabilidad social y política con nuestro entorno y con nuestro planeta. La solidaridad nos invita a participar activamente en la defensa de los derechos humanos, en la lucha contra la pobreza y la desigualdad, en la protección del medio ambiente y en la promoción de la paz. La solidaridad nos desafía a cuestionar las estructuras injustas y opresivas que generan sufrimiento y exclusión. La solidaridad nos anima a crear alternativas basadas en el bien común y en el desarrollo sostenible. Los derechos civiles y políticos son aquellos que garantizan las libertades fundamentales de las personas y su participación en la vida política y social.

Infraestructuras Tecnológica En Guinea Ecuatorial.

La infraestructura tecnológica consiste en los elementos materiales, lógicos, digitales y humanos que posibilitan el funcionamiento, la interacción y la transformación de los sistemas de información1. La infraestructura tecnológica es clave para el desarrollo sostenible, ya que ofrece oportunidades de acceso a la información, la educación, la salud, el comercio y otros servicios. Para construir una infraestructura tecnológica sostenible para mi país, puedes seguir estos pasos: Realiza un análisis detallado de mis recursos. Determina qué dispositivos, software, aplicaciones y plataformas tienes a tu disposición, cuáles son sus prestaciones, sus costes y sus requerimientos de actualización. Simplicidad. Elige soluciones tecnológicas que sean sencillas de usar, de comprender y de actualizar. Incompatibilidad. Evita soluciones que generen conflictos o dificultades entre los diferentes elementos de la infraestructura. Automatización e integración. Aprovecha las herramientas digitales que te permitan automatizar procesos, sincronizar datos, conectar dispositivos y compartir información entre los usuarios. Servicios en la nube. Cambia de una gestión basada en activos fijos a una gestión basada en servicios flexibles. En lugar de invertir en servidores, computadoras o licencias de software, opta por servicios en la nube, suscripciones o alquileres que te permitan pagar solo por lo que usas. Reducir los costos iniciales, ya que no tendrás que invertir en infraestructura física o licencias de software. Adaptarte a las demandas cambiantes, ya que podrás escalar tus recursos según las necesidades de tu negocio. Acceder a las últimas tecnologías, ya que podrás aprovechar las innovaciones y actualizaciones constantes de los proveedores de servicios digitales. Para lograr estos beneficios, es importante que prepares a tu personal de la siguiente manera: Capacita a tus empleados y colaboradores en el uso de las tecnologías digitales, para que puedan aprovechar al máximo sus funcionalidades y potencialidades. Fomenta una cultura de aprendizaje continuo e innovación, para que puedan adaptarse a los cambios y buscar nuevas soluciones. Promueve la colaboración y el intercambio de conocimientos, para que puedan trabajar en equipo y compartir sus experiencias y aprendizajes. De esta forma, podrás mejorar las competencias digitales, la productividad y la satisfacción de tu equipo.

Infraestructuras Educativo.

La infraestructura educativa se refiere al conjunto de instalaciones y servicios que permiten el funcionamiento de una institución educativa, así como el desarrollo de las actividades de enseñanza y aprendizaje en el espacio escolar. La infraestructura educativa incluye aspectos como: El diseño y la construcción de los edificios escolares, que deben garantizar la seguridad, la accesibilidad, la funcionalidad y la estética de los mismos. El equipamiento y el mobiliario de las aulas, los laboratorios, las bibliotecas, los talleres, los auditorios, los comedores, los baños y otros espacios educativos, que deben facilitar el uso de las tecnologías, los recursos didácticos y el confort de los usuarios. Los servicios básicos de agua, luz, gas, internet, telefonía, seguridad, limpieza, mantenimiento y otros, que deben asegurar la calidad, la continuidad y la eficiencia de los mismos. El entorno y la comunidad educativa, que deben promover la integración, la participación, la convivencia y la sostenibilidad ambiental de la institución educativa. La seguridad, que implica que los edificios escolares deben estar construidos con materiales resistentes, contar con sistemas de prevención y protección contra riesgos, y cumplir con las normas técnicas y legales vigentes. La accesibilidad, que implica que los espacios y ambientes educativos deben estar diseñados para facilitar el ingreso, la movilidad, la comunicación y la participación de todas las personas, especialmente de aquellas con discapacidad o necesidades especiales. La funcionalidad, que implica que los espacios y ambientes educativos deben estar adaptados a las necesidades pedagógicas, curriculares y organizativas de cada nivel, modalidad y programa educativo, y contar con el equipamiento y el mobiliario adecuados. La estética, que implica que los espacios y ambientes educativos deben tener una apariencia armoniosa, agradable y acogedora, que refleje la identidad, la cultura y los valores de la institución educativa y de la comunidad. Una buena iluminación, ya sea eléctrica o natural, que permita ver con claridad los materiales y las actividades. Una adecuada protección contra el calor, que evite el estrés térmico y el cansancio de los estudiantes y los docentes. Una suficiente ventilación, que garantice la renovación del aire y la prevención de enfermedades respiratorias.

Un espacio suficiente para sentarse, que ofrezca comodidad, ergonomía y seguridad a los usuarios. Estas condiciones influyen en el aprendizaje, ya que favorecen la atención, la concentración, la motivación, la participación y el bienestar de los estudiantes y los docentes. Por el contrario, un ambiente físico deficiente puede generar marginación, deserción, bajo rendimiento y desigualdad educativa.

Historial Disciplina, Conocimiento Y Experiencia Profesional.

Ángel Salvador Elo es un líder político y activista de la República de Guinea Ecuatorial, un país de África central que sufre de violencia y corrupción por el control del petróleo. Nació en 1967 en una familia humilde y pobre, y desde joven se opuso al régimen dictatorial de su país. Por eso, fue encarcelado y torturado varias veces por las fuerzas de seguridad. En 1998, logró escapar de Guinea Ecuatorial y se refugió en el país vecino de Gabón, donde siguió luchando por la democracia y los derechos humanos de su pueblo. En 2006, se trasladó a los Estados Unidos, donde continúa su labor de denuncia y sensibilización sobre la situación de su país natal. Soy un profesional con una amplia formación académica en diferentes áreas del conocimiento. Mi trayectoria se inició en 1986, cuando comencé a estudiar una disciplina académica relacionada con la industria metalúrgica. En 1992, obtuve el título de maestro industrial en la especialidad de Relación de rama metal, tras cursar mis estudios en el Instituto Politécnico. Posteriormente, me gradué en comercio internacional y realicé estudios complementarios sobre la ley de patentes. Además, soy maestro de ciencias sociales, con énfasis en geografía e historia. Tengo una amplia experiencia y conocimientos en diversos ámbitos. En 1999, recibí el Premio al Servicio Comunitario por mi labor social[1]. En 2001, fui presidente de la Alianza Estudiantil Juventud, una organización que brinda mentaría a más del 75% de los estudiantes[234]. En 2007, obtuve varias certificaciones y acreditaciones que avalan mi formación profesional. También fui representante estudiantil de los antiguos alumnos de mi institución educativa. Durante mucho tiempo, he trabajado como servidor público, dedicando parte de mi tiempo a causas sociales. Cada día me levanto con una sola pregunta en mente: ¿Qué puedo hacer hoy para ayudar a mejorar el mundo? Me vi obligado a huir de mi país por razones políticas y por la causa de Guinea Ecuatorial, que sufre una larga dictadura desde su independencia. Hoy, la situación sigue siendo difícil para liberar a este país de la opresión. En los años noventa, con la llegada de los movimientos políticos en Guinea Ecuatorial, me uní a ellos para movilizar a los ciudadanos comunes. Comencé a ejercer la oposición política en la clandestinidad, denunciando las injusticias y los malos tratos que padecían este pueblo y los habitantes de toda la región. Por mi afinidad política y mis lazos con la oposición, fui detenido y torturado varias veces, y pasé largos períodos en las cárceles de Guinea Ecuatorial, un país del África subsahariana. Después de sufrir una larga persecución, detenciones constantes y malos tratos por parte del gobierno de mi país, logré escapar en 1998 y me refugié en la capital de la República vecina. Allí continué con mi actividad política hasta que finalmente las autoridades de los Estados Unidos aceptaron mi solicitud de asilo político y me trasladaron a ese país en 2006. A pesar de todo el dolor y el castigo que padecí, no perdí la fuerza ni la energía para escribir y dejar mi huella como escritor y político liberal. Lo más difícil para un escritor, es el acto de sentarse a escribir. Los que sí llevan años escribiendo, soltando palabras como si fuera lo más importante del día (y del mes y del año). Para escribir uso la marca especial para revivir mi experiencia personal durante el pasado y el presente de mi vida.